ÉLOGE

DE

L'ABBÉ ROZIER,

Par Alphonse de Boissieu,

COURONNÉ PAR L'ACADÉMIE DE LYON DANS SA SÉANCE PUBLIQUE
DU 30 AOUT 1832.

(Médaille d'or de 600 fr.)

Vicina coegi
Ut, quamvis avido, parcerent arva colono.
VIRG.

LYON,
IMPRIMERIE DE J. M. BARRET, PLACE DES TERREAUX.

Novembre **1832.**

ÉLOGE

L'ABBÉ ROZIER.

A l'entrée principale de notre jardin des Plantes est une enceinte demi-circulaire que couronne un bosquet d'arbres verts et touffus ; le flanc de la petite élévation, sur laquelle ces arbres sont plantés, est garni d'arbustes et de fleurs, délicieuse ceinture, encadrement gracieux au milieu duquel s'élève, comme roi de ce berceau, un buste de marbre blanc. Le promeneur inattentif ne voit dans ce buste qu'un vain ornement du jardin ; il lit machinalement le nom qui le décore, et il passe ; l'enfance, dont ce lieu est l'asile, forme tout autour du bon curé de marbre ses rondes folâtres et insouciantes ; le vieillard, en le contemplant, ne peut s'empêcher de verser des larmes et de dire : C'est bien lui ! c'est bien ROZIER ! Seulement j'aurais voulu que, tout en conservant ses traits, la noble expression de sa figure, Chinard eût pu reproduire l'air de bonté, de calme, de douce quiétude qui le distinguait, ce reflet d'une belle âme qui gagnait et captivait les cœurs [1].

Pour moi, dès long-temps accoutumé à voir d'un œil

---

1 Ce buste, sculpté par Chinard, a été inauguré, dans le jardin des Plantes, le 11 août 1812.

distrait cet impassible témoin des jeux de mon enfance et
des promenades rêveuses de ma jeunesse, je n'avais jamais
demandé à l'histoire de mon pays, à la tradition ni à la
mémoire des anciens, les titres de gloire qui avaient fait
graver sous ce buste ces mots : *Au Columelle français ;* il
me suffisait de savoir que cette image était celle du savant
abbé Rozier. Il a fallu que le bruit d'un concours pour
l'éloge de cet illustre Lyonnais vînt jusqu'à moi, et réveillât
ma curiosité. Jaloux de savoir par quelles vertus et par quels
travaux cet homme méritait d'occuper ainsi la postérité, j'ai
étudié sa vie et ses œuvres ; je l'ai suivi dans ses études,
dans ses courses, dans ses habitudes d'homme privé et
dans ses relations de savant. J'ai été tellement pénétré d'admiration à l'aspect de tant de talent et de modestie, de tant
de zèle pour le bien du pays et d'abnégation personnelle,
en un mot, de tant de qualités éminentes de l'esprit et du
cœur, que j'ai cru devoir payer aussi un tribut à sa mémoire.

Il faut s'en prendre à l'époque désastreuse de sa mort,
s'il est tombé presque inaperçu, sans qu'aucun historien se
chargeât de publier sa vie et de perpétuer son souvenir.
Alors que la société semblait se dissoudre, que ses élémens
bouleversés n'offraient qu'un spectacle de ruines, qu'importait un débris de plus ? surtout si celui que la foudre venait
de frapper avait vécu isolé de son siècle, renfermé dans le
sanctuaire de la science et ne voulant connaître du monde
qui s'agitait autour de lui, que les malheureux à qui il
tendait une main secourable. Qu'importait la perte d'un savant dont toutes les découvertes avaient été pour le bien de
l'humanité, alors que l'amour de l'humanité était un crime ?
Dans ces temps d'exécrable mémoire, il n'y avait que deux
sortes de célébrité possibles, celle des bourreaux et celle
des victimes. Homme de parti, Rozier eût trouvé des pané-
gyristes ; homme de sang, il en trouverait peut-être encore
aujourd'hui ; homme de bien, il n'a joui jusqu'à ce jour que
de l'estime des amis de la science. Sa patrie, à la vérité, lui a
érigé un simple monument; mais le marbre est muet, il

frappe et n'instruit pas. Dans un siècle où l'on s'efforce de conserver à la postérité la mémoire des hommes illustres que notre pays a vu naître, il appartenait à un corps savant, à l'Académie de la seconde ville du royaume, d'évoquer les souvenirs d'une vie aussi belle, aussi honorable, et d'élever, dans la galerie de notre biographie nationale, un monument qu'elle revendique à tant de titres.

François ROZIER naquit à Lyon le 23 [1] janvier 1734. Sa famille était originaire de Vienne, et son père, Antoine Rozier, après avoir exercé le commerce, était contrôleur provincial des guerres au département de Touraine, charge qui donnait la noblesse héréditaire par une postulation de vingt ans. Antoine Rozier avait huit enfans; ne pouvant leur laisser qu'une fortune médiocre, il consacrait tous ses soins à leur éducation; il savait que les principes des vertus et des sciences sont, avec le souvenir des bons exemples des pères, le plus précieux héritage des fils. Comme sa place, tout honorifique, lui laissait de nombreux loisirs, il les employait à cultiver ses propriétés rurales situées à Ste-Colombe et à St-Cyr, sur la rive droite du Rhône. C'est là que le jeune François, tout enfant, suivait, avec un attrait qu'il est rare de rencontrer dans un âge encore tendre, les travaux agricoles de son père, examinant, interrogeant avec une attention scrupuleuse, et annonçant déjà, par de sages et judicieuses réflexions, le génie qui devait un jour l'élever au rang des plus savans agronomes.

L'esprit d'observation avec lequel il recueillait les phénomènes de la nature et cherchait à en pénétrer les causes, décelait ce goût et cet amour de la science, qui ne devait pas tarder à se développer. On l'a surpris, à l'âge de dix ans, traçant une méridienne sur les carreaux de sa chambre, et perçant une fenêtre pour que les rayons du soleil y arrivassent sans être brisés. Une de ses sœurs, plus âgée que

---

[1] Tous les biographes disent 24; l'acte de naissance porte 23; d'autres se sont aussi trompés sur ses prénoms.

lui, animée comme lui du désir de savoir, était la confidente de ses expériences et la compagne de ses travaux. Il y avait de cela quelque cent ans qu'un autre enfant, à peu près du même âge, aussi sous les yeux et avec l'aide de sa sœur aînée, étudiait la vibration d'un corps sonore, cherchait dans le bruit d'un plat de faïence, frappé avec un couteau, une des lois de l'acoustique, ou, traçant sur le plancher des *barres* et des *ronds*, suivant sa naïve nomenclature, était parvenu, d'expérience en expérience, sans autre guide que son génie, jusqu'à la 32.me proposition d'Euclide. Cet enfant s'appelait Blaise Pascal. — Les deux sœurs ont chacune conservé ces traits dans la vie de leur frère qu'elles ont écrite.

Pour profiter des dispositions précoces de Rozier, on le plaça au collége de Villefranche, que dirigeait alors le P. Vidal, jésuite connu par son érudition, traducteur froid, mais habile et fidèle, de plusieurs auteurs latins, qu'il a reproduits à la manière de Dumarsais. De toutes les sociétés consacrées à l'instruction de la jeunesse, celle des jésuites a toujours été éminemment douée de ce tact sûr, de ce coup-d'œil juste qui apprécie et devine le caractère et les heureuses qualités d'un élève. Rozier n'échappa pas au Père Vidal; celui-ci connut tout d'abord non-seulement la trempe de son esprit, mais la bonté de son cœur et la noblesse de son âme. Il conçut pour lui une telle affection que, dans une grave et longue maladie du jeune François, maladie qui avait emporté un de ses frères, il ne le quitta pas un instant, et lui prodigua jour et nuit les soins les plus paternels. La reconnaissance de l'élève égala les témoignages d'amitié du maître.

Après avoir terminé ses premières études à Villefranche, il vint au séminaire de St-Irénée à Lyon faire son cours de philosophie et de théologie; il retrouva dans M. de Vaugimois, supérieur de cet établissement, les soins et la bonté du Père Vidal. On doit fixer ici l'époque à laquelle se détermina irrévocablement son goût pour la physique et les sciences naturelles, goût qui, se fortifiant par l'instruction, devint sa passion dominante.

Ses progrès en théologie ne furent pas aussi sensibles; éminemment religieux, juste et simple dans sa foi, Rozier ne sentait cependant pas, pour l'état ecclésiastique auquel on le destinait, cette vocation irrésistible qui brave l'aridité des discussions métaphysiques, qui, embrasant d'un feu divin celui que la gloire de la religion captive, lui fait voir, dans ces études sèches et difficiles, un trésor de force et de sagesse, avec lequel il agrandira l'empire du Christ, s'associera dans ce monde à l'œuvre des Chrysostôme, des Augustin, des Thomas, des Bossuet, et dans l'autre au bonheur de tant de sublimes défenseurs de l'Eglise. Rozier ne voyait, dans la carrière qui s'ouvrait devant lui, qu'une douce et calme retraite, au sein de laquelle il pourrait se livrer à ses travaux chéris; son imagination lui présentait le tableau séduisant des habitudes patriarchales dans lesquelles il vivrait, prêtre par la prière et la charité, simple fidèle par son indépendance dans la culture des sciences. La religion semblait alors autoriser ce genre de vie. Dans ce temps, une foule d'abbés n'exerçaient aucun ministère, n'étaient tenus qu'à la lecture des offices et à quelques devoirs religieux. Combien peu, hélas! savaient, comme Rozier, consacrer leurs loisirs à d'utiles et honorables entreprises! combien peu surtout se souvenaient, au milieu du tumulte du monde, du caractère dont ils étaient revêtus! L'abbé Rozier sut l'honorer et le faire respecter. Si, dans la première partie de sa carrière, nous ne voyons en lui que le savant, plus tard nous retrouverons l'âme du prêtre; nous applaudirons aux découvertes philantropiques du premier, et la charité du second nous arrachera des larmes; mais n'anticipons pas.

La position du jeune François lui permettait de faire marcher de front toutes les branches des sciences naturelles, de coordonner et de rapprocher ainsi les faits, avantage immense dans une étude où tout est intimement lié. La philosophie, la physique, les mathématiques occupaient son année scolaire, et il profitait des vacances pour s'initier dans les secrets de la botanique et les travaux de l'agriculture. Nos campagnes sont si belles, notre flore est si riche, son domaine sur les montagnes qui dominent le Rhône si varié, si étendu, la nature d'ailleurs a un langage si attrayant, si intime pour l'homme qui veut l'interroger, il y a tant de douceur, tant de charme dans le culte qu'on lui rend, qu'il est facile de comprendre combien, avec une âme simple et pure, un esprit exempt d'ambition, Rozier se plut à approfondir ses mystères. Il fut heureusement guidé par un chirurgien de Ste-Colombe, nommé Bert. Ce botaniste passionné, qui cultivait dans un petit jardin une foule de plantes médicinales, l'accueillit avec bienveillance et en fit le compagnon de ses courses savantes. Il lui apprit à composer un herbier, à distinguer les différens genres des plantes, à les classer par familles, à reconnaître leurs vertus et leurs propriétés. Plus tard, libre de ses cours, reçu maître-ès-arts à l'université de Valence [1], puis docteur [2], Rozier trouva de nouveaux guides dans un ancien chanoine de St-Paul, élève de Bernard de Jussieu, dans Claret de La Tourrette, son collaborateur et son ami, enfin dans le docteur Willermoz, zélé propagateur des découvertes et des progrès de la chimie.

Absorbé jusque-là par de graves et laborieuses recherches, le jeune agronome n'avait pu recueillir que dans les écrits des Columelle, des Varron, des Olivier de Serres, ou dans les essais d'autrui, ses observations et les principes de ses connaissances; à la mort de son père en 1757, il se trouva en possession d'une légitime qui, toute modique qu'elle était, lui permit cependant d'oser quelques expériences. Etranger à tout calcul d'intérêt personnel, il ne songea pas qu'un premier essai, toujours dispendieux, est aussi inutile pour la science que fatal à celui qui le tente, s'il ne peut

1 Le 31 juillet 1752.
2 Le 3 août 1755.

être soutenu ; la perte de son patrimoine le lui apprit. Mais la leçon ne le découragea pas : il se chargea de régir les propriétés de sa mère , il mit à profit ses expériences, et les tentatives qui avaient été ruineuses pour lui enrichirent sa famille. Le pays lui dut d'heureuses innovations dans la culture , une juste appréciation des terrains et des semences qui conviennent à chacun, une amélioration dans les procédés pour faire le vin.

Cette pratique de chaque instant étendit et fortifia ses connaissances ; ses relations avec les agronomes qui, dans notre province , se consacraient alors au progrès de l'agriculture , les développèrent et les mirent au jour. Le célèbre Bourgelat, à qui la France doit ses écoles vétérinaires , vint, en 1763 , établir à Lyon l'école-mère ; il sentit qu'à l'étude approfondie de l'hippiatrique , de l'anatomie comparée et de la pathologie , il fallait joindre celle de la botanique ; il s'associa Rozier et La Tourrette. Ce sont ces trois hommes qui , par leurs travaux et leur génie , ont doté notre pays de cet utile établissement, formé aussitôt que conçu et , comme on l'a dit, consolidé dans sa maturité précoce au moment même de sa naissance. La Tourrette et Rozier , jaloux de répondre aux vœux du fondateur de cette école et de le seconder dans la partie importante qui leur était confiée , rédigèrent ensemble des *Démonstrations élémentaires de Botanique* , ouvrage admirable de clarté et de méthode , rudiment de cette science , adopté depuis par tous ceux qui ont voulu s'y adonner. Les auteurs des *Démonstrations* ont su heureusement combiner les principes de Tournefort avec ceux de Linné ; s'ils n'ont pas composé un traité de botanique complet, la destination même de leur travail ne le leur permettait pas , elle leur traçait, au contraire , un cadre tout spécial, qui devait renfermer les vertus et les propriétés des plantes ; ce cadre a été rempli.

Sur ce nouveau théâtre , Rozier , toujours avide d'instruction , se livra à l'étude de l'hippiatrique. Il sentait qu'à l'aide de cette science , il approprierait mieux ses cours aux besoins des élèves ; aussi quand Bourgelat fut appelé à fonder l'école d'Alfort [1], il fit nommer Rozier directeur de celle de Lyon. Celui-ci ne jouit pas long-tems de cette place. Une discussion, engagée avec son prédécesseur sur la prééminence qu'on devait accorder dans l'enseignement à la botanique sur l'hippiatrique, amena quelques lettres un peu vives, que suivit la destitution de l'abbé, arrachée par Bourgelat au ministre Bertin. Bourgelat, quoique doué d'un esprit supérieur et de qualités estimables, avait parfois un caractère impérieux qui le portait à des actes indignes d'un homme distingué comme lui. Mousquetaire, avocat et poète dans sa jeunesse, il avait conservé de ces trois états un reste d'irascibilité que sa dernière vocation aux sciences n'avait pas entièrement détruit ; dans cette circonstance il écrasa son adversaire de tout le poids de son ressentiment, en faisant lire publiquement dans l'école l'ordonnance qui le destituait. Ce fut un coup terrible pour Rozier ; mais chrétien et philosophe, il répondit à l'ingratitude par un bienfait, il publia pour ses anciens élèves ses *Démonstrations élémentaires de Botanique* [2] : voilà comment l'homme supérieur se venge.

Dans cette même année, les suffrages flatteurs de la Société royale d'agriculture de Limoges le consolèrent de l'injustice dont il avait à se plaindre dans sa propre ville. Cette Société, à l'instigation de Turgot, avait proposé un concours sur la question suivante : *« Quelle est la manière de brûler ou de distiller les vins la plus avantageuse, relativement à la quantité et à la qualité de l'eau-de-vie et à l'épargne des frais ? »* Le savant abbé, fort des essais qu'il avait faits lui-même dans cette matière, profita de cette circonstance pour indiquer ses procédés et ses observations : son Mémoire fut jugé digne du prix et couronné [3].

1 En 1765.
2 En 1766, l'année même de sa disgrâce.
3 Il a été publié en 1770. Lyon, Bruyset, in-8.°

Privé de sa place, ayant dissipé dans des expériences agronomiques le peu de fortune qui lui était échu en partage, presque sans ressources, il poursuivait cependant avec ardeur ses travaux scientifiques, et oubliait au sein de l'amitié l'injustice et la jalousie dont il avait été victime. Son collaborateur La Tourrette était devenu son intime ami. Nés dans la même ville, tous deux se rencontrant, dans un même amour pour les beautés de la nature, tous deux doués des plus séduisantes qualités du cœur, et brillans des plus beaux dons de la science, ils devaient s'estimer et se chérir. « Tel est, peut-être, l'effet de l'étude des sciences naturelles, dit un écrivain, en parlant de ces deux hommes, qu'offrant à ceux qui s'y livrent un but commun à remplir, elle lie étroitement des observateurs qui peuvent s'aider, et produit rarement entre eux ces rivalités, cette jalousie dont l'histoire des arts de l'imagination nous offre tant de scandaleux exemples. Peut-être aussi le goût de cette étude si attrayante ne germe-t-il que dans des âmes douces, et, étouffant en elles des passions plus orageuses, les isolant des intérêts qui divisent la société, les rend-il plus accessibles et plus constamment fidèles aux douceurs de l'amitié. »

Cette remarque judicieuse et vraie s'accorde avec l'ordre des années pour m'amener naturellement à raconter la visite que fit aux deux amis un homme bien digne, malgré ses bizarreries et ses caprices, d'entrer en tiers dans cette heureuse association. Cet homme, qui aurait sacrifié au charme de l'intimité et de la vie de famille tout...., excepté son amour-propre ; ce philosophe né pour régner par son cœur, asile de tant de vertus, et qui se laissa entraîner par sa tête en proie à tant d'idées folles et de rêves dangereux, l'auteur d'Émile, en un mot, vint à Lyon en 1768. Il oublia, pendant quelques mois, auprès de Rozier et de La Tourrette, les maux que son imagination se créait sans cesse, pour jouir, avec abandon et délices, de la société de ces deux amis passionnés de la nature. Qui pourrait raconter leurs délicieuses promenades sur nos montagnes du Lyonnais ; leurs ineffables causeries le long des rives enchantées de la Saône ; ces élans d'admiration franche et sincère quand, dans leurs courses savantes, une plante nouvelle s'offrait à leurs regards ; cet oubli profond d'un monde dont Rozier, comme Jean-Jacques, avait éprouvé les injustices ? Qui redirait ce pélerinage à la Grande-Chartreuse ; ces trois hommes explorant le désert, deux avec une conscience pure et tranquille, attentifs aux grands tableaux de la création qui se déroulent devant eux, le troisième abîmé en présence de tant de merveilles, rougissant de l'orgueil humain, si petit devant cette grandeur infinie, et consignant, sur le registre des bons religieux, l'expression de son néant dans cette exclamation qui révèle encore sa vanité: *O altitudo!*

Rousseau a avoué depuis que ce fut là une des belles époques de sa vie. Cette fois au moins il avait rencontré des hommes tels qu'il les rêvait ; les accès de sa misantropie venaient se briser contre l'égalité et le calme de leur âme. Mais, s'il appréciait leurs vertus, s'il admirait leur retraite, il n'avait pas le courage de s'y associer, parce qu'elle ne jetait pas dans le monde un éclat assez vif ; le philosophe de Genève aurait voulu vivre vertueux et solitaire, pourvu que toute l'Europe le sût ; il quitta la retraite, pour laquelle il était né, et retourna au sein de *cette conspiration universelle tramée contre lui par toute une génération, de ce complot, de ce mystère qui tient du prodige, où tout était conjuré contre sa personne depuis le gouvernement jusqu'à la canaille.* Combien de fois ce grand homme, dans les fréquens et sincères retours qu'il faisait sur sa conduite, au milieu de l'agitation de son aventureuse carrière, sous le ciel de l'exil, abandonné, méconnu de tous, perdant par les caprices de son amour-propre les amis que son cœur et ses talens lui avaient donnés, forcé de vivre inconnu dans sa propre patrie, lui qui avait sacrifié son repos au désir de la célébrité, revêtant, pour échapper aux poursuites, un costume d'Arménien, combien de fois dut-il se rappeler, avec des regrets amers, les jours de bonheur et de paix qu'il avait coulés dans l'asile de l'amitié et de la science ?

Cette même année (1769), l'Académie de Marseille proposa la solution de cette question : « *Quelle est la meilleure manière de faire et de gouverner les vins de Provence, soit pour l'usage, soit pour les transporter par mer ?* » Rozier concourut ; son Mémoire plein de vues nouvelles et de faits importans fut couronné. Cette dissertation, sur l'art de faire le vin, est tout entière basée sur les expériences de son auteur ; c'est un vrai *manuel* pour les propriétaires de vignobles dans le Midi [1].

Non moins remarquable par ses vertus que par ses talens, Rozier fut nommé, en 1771, chevalier de l'Église de Lyon. Cette place lui assurait un modique revenu ; il l'employa de suite à acheter de Gauthier d'Agoty, le *Journal de physique et d'histoire naturelle*, dont celui-ci avait le privilége. Rozier vivait alors à Paris ; en relation avec tout ce que la capitale comptait de savans distingués, il sut s'en faire des collaborateurs. Son esprit, orné de tant de connaissances diverses, son goût sûr et éclairé, son habileté à distinguer ce qui dans un Mémoire était neuf et utile, tous ces dons précieux le favorisèrent dans la publication d'un journal obscur entre les mains de son premier possesseur, devenu célèbre dans les siennes [2]. Ce recueil se répandit dans

---

1 Ce Mémoire, d'abord imprimé dans le recueil des travaux de l'Académie de Marseille, fut ensuite réimprimé en 1772, avec trois dissertations du plus grand intérêt : la première, sur les moyens employés pour renouveler une vigne ; la seconde, sur les usages économiques des différentes parties de la vigne ; et la troisième, sur les vaisseaux propres à contenir, à perfectionner le vin, et sur les objets qui y ont rapport. Cet ouvrage a environ 350 pages in-8.º — M. Cochard (Notice sur l'abbé Rozier).

2 Il en fit paraître le premier N.º le 1.er juillet 1771. Ce journal a eu jusqu'à quinze cents souscripteurs. Plus tard, Rozier, se retirant à Beauséjour, le céda à l'abbé Mongez, son neveu, un des infor-

toute l'Europe et fut traduit en plusieurs langues; il commença à établir entre les savans ces communications nécessaires, ces relations continuelles de travaux qui par la suite ont hâté les progrès de la science. L'ordre et la méthode qu'on y remarque, le soin de rapprocher et de comparer les faits de la même espèce, pour en faciliter l'appréciation et l'analyse, firent placer, dans le temps, le *Journal de physique* à côté des *Mémoires de l'Académie des sciences.*

Cet ouvrage procurait à son auteur une douce et honorable aisance; il lui permettait en même temps de recueillir une foule d'observations qu'il publiait à part, lorsqu'elles étaient trop éloignées de la spécialité du journal, ou trop étendues pour y trouver place. C'est ainsi qu'il composa un traité sur la *meilleure manière de cultiver la navette et le colza;* traité dans lequel étaient victorieusement combattus les motifs qui avaient dicté les lettres patentes du 22 décembre 1754, prohibant l'usage de l'huile d'œillet pour entrer dans les alimens. La fraude s'était emparée de ces lettres et les exploitait aux dépens de notre agriculture et de la liberté de notre commerce. Le Mémoire de Rozier souleva une question importante; il fut soumis à l'examen de l'Académie des sciences qui, sur le rapport du célèbre Lavoisier et de M. Macquer, adopta l'avis et les conclusions de son auteur [1]. Les lettres patentes furent rapportées. C'est dans les mêmes vues d'économie et d'intérêt public, qu'il fit paraître un travail sur la *manière de se procurer les différentes espèces d'animaux, de les préparer et de les envoyer des pays que parcourent les voyageurs* [2].

Un homme aussi dévoué aux entreprises utiles, aux essais

tunés compagnons de Lapeyrouse. L'abbé Mongez le remit, en partant, à Laméthérie.

1 Le Mémoire fut fait à la fin de 1771, et le rapport seulement en 1774 (le 26 mars). Il fut publié cette même année, à Paris, in-8.º de 139 pages et 80 d'avant-propos.

2 Publié in-4.º en 1774.

d'amélioration qui avaient pour but le bien du pays, et en particulier celui des classes pauvres et laborieuses, ne pouvait échapper aux regards du chef des économistes, alors que celui-ci fut arrivé au ministère. Turgot, intendant de Limoges, avait déjà apprécié Rozier ; contrôleur-général des finances, il jeta les yeux sur lui pour en faire l'instrument et le ministre de ses réformes agronomiques. Il l'envoya dans la Corse, avec mission d'examiner quels établissemens et quels perfectionnemens réclamaient le commerce et l'agriculture de cette île. L'abbé quitta Paris, le 4 octobre 1775, parcourut la province dont l'exploration lui était confiée, recueillit dans un Mémoire de nombreuses observations, traça une carte du pays et revint, au mois de mai suivant, faire part de ses découvertes à celui qui l'avait envoyé. Hélas ! la puissance de Turgot était tombée. Ce ministre, appelé aux honneurs par sa popularité, cet homme dont Louis XVI disait : *Il n'y a que M. Turgot et moi qui aimions le peuple ;* victime des railleries et de l'injustice, avait été renversé par ce peuple, au bonheur duquel il avait travaillé sans cesse ; dix-sept ans plus tard, s'il eût vécu, il eût pu voir la récompense réservée par ce même peuple à l'amour de Louis XVI. Clugny avait succédé à Turgot ; Rozier lui présenta son travail. Démarche vaine ! Le gouffre des finances était béant et menaçait d'engloutir la France ; qu'importait l'amélioration de nos campagnes, les ressources fécondes qu'on pouvait trouver dans l'agriculture ? il fallait en créer de promptes et de décisives, on établit la caisse d'escompte. Celles-là, au dire de certains bons esprits, n'étaient que provisoires, n'importe : on s'éloignait d'autant du précipice. Il fallait de plus donner un aliment au développement des masses que de fausses lumières égaraient ; l'industrie et la culture des champs, en ranimant l'amour du travail, auraient peut-être épuré les mœurs, on créa la loterie ! et on crut avoir résolu le problême financier par ces deux mesures, dont l'une n'est qu'une fiction, salutaire, il est vrai, dans un temps de prospérité, pernicieuse à une époque de crise, et l'autre, un appât immoral ouvert à l'ambition du pauvre, où vient s'engloutir le prix de ses travaux et de ses sueurs. O hommes d'état [1] !

Avec le goût des sciences exactes s'éveillait alors le besoin de les faire servir aux progrès de l'industrie et au perfectionnement des procédés qu'elle emploie. L'Angleterre et la Hollande se disputaient la gloire des inventions nouvelles à l'aide desquelles leurs produits et leurs richesses prenaient chaque jour un accroissement rapide. Rozier vit avec peine sa patrie rester stationnaire au milieu de cet avancement général. En vain quelques voix amies s'élevaient, réclamant d'utiles réformes ; les seuls réformateurs auxquels on prêtait l'oreille, étaient ceux qui cherchaient à détruire, ceux qui voulaient créer et féconder s'agitaient en vain ; l'esprit d'ignorance, qui favorisait les réformateurs politiques, se joignait à l'esprit de routine pour étouffer les justes réclamations des amis de l'industrie. Rozier sentit que si le Français ne se rendait pas au raisonnement, il se rendrait peut-être à l'expérience ; et dans le désir de procurer à son pays les établissemens qui faisaient la supériorité de nos voisins, il entreprit avec Desmarets, de l'Académie des sciences, un voyage en Hollande [2]. Il examina avec soin les diverses machines nouvellement établies ; il s'attacha surtout à étudier les procédés en usage pour la fabrication des huiles. Les trouvant bien préférables aux nôtres, sous les rapports de la propreté, de l'économie dans la main-d'œuvre et de la conservation, il donna dans le *Journal de physique* [3] la des-

---

1 On a trouvé dans les papiers de Rozier beaucoup de notes et de Mémoires sur la Corse. M.lle Rozier les remit à M. Faure, son beau-frère, qui habitait Paris. Dans le temps, on fit des vœux pour que ces manuscrits, acquis par le gouvernement, fussent déposés à la bibliothèque nationale. Je ne sais ce qu'ils sont devenus.

2 En 1777.

3 Cette description fut ensuite publiée séparément in-4.º, avec cette épigraphe que les savans ne sauraient trop méditer : *Nisi utile est quod facimus, stulta est gloria.* PHÆD., lib. 3, fab. 17.

cription d'un moulin hollandais, d'un mécanisme très-ingénieux; plus tard il l'importa en Languedoc et naturalisa ainsi dans nos contrées un instrument extrêmement avantageux.

De tels travaux, une si constante sollicitude pour tout ce qui pouvait hâter les progrès des sciences, de l'agriculture et de l'industrie, avaient étendu au loin la réputation de Rozier. Un de ses amis, le docteur Gilibert, attiré auprès du roi de Pologne, Stanislas Auguste, sur la présentation de Haller, pour fonder un jardin et une chaire de botanique, donna au prince le désir de l'appeler dans ses états pour y créer une école d'agriculture. Stanislas, ce digne appréciateur du mérite, cet ami des savans, dont il avait été l'émule avant que Catherine eût inspiré au fils du comte Poniatowski l'ambition de devenir roi, agréa la proposition de Gilibert. Rozier fut mandé et vivement pressé de se rendre en Pologne. Sur le point de céder aux instances de l'auguste volonté qui l'y appelait, l'amour de la France l'emporta : il remercia Stanislas de ses offres qu'il ne voulut pas accepter. Quelle qu'eût été alors la détermination de l'abbé, il était destiné à assister à la chute d'un trône. En Pologne, il eût vu celui de son bienfaiteur miné par des dissensions intestines, envahi par la politique étrangère, tomber avec la nationalité de ce beau pays, pour laquelle le courage héroïque de Kosciusko ne fut qu'un sublime, mais inutile effort; il eût suivi peut être, dans sa retraite de Grodno, le royal exilé, dont la noble résignation est un des beaux exemples que léguera à la postérité un siècle où tant de majestés sont allées tour-à-tour poser, j'allais dire briller, sur ce théâtre des grandes infortunes! En France il a assisté à l'épouvantable catastrophe dont nous subissons encore l'ébranlement; qui oserait le féliciter ou le plaindre de son choix?..... La bienveillance et l'estime du roi pour Rozier ne furent point atténués par son refus. Stanislas sollicita pour lui un bénéfice auprès de la cour de France; quelques personnes influentes, parmi lesquelles on cite la duchesse Damville, joignirent leurs vœux à la demande du roi de Pologne, et obtinrent pour leur protégé le prieuré de Nauteuil-le-Haudoin [1].

Rozier, rendu à son indépendance par cet heureux changement dans sa fortune, songea alors à exécuter un projet qu'il avait conçu depuis long-temps. Sa vocation aux sciences avait été déterminée encore plus par ses besoins et les circonstances que par son goût. S'il était parvenu à s'y distinguer, c'est qu'il était doué d'un esprit vaste, judicieux, observateur, d'une mémoire facile, et que l'envie de savoir l'aiguillonnait sans cesse; il était devenu physicien, mais il était né agronome. C'est surtout à ce titre qu'il a des droits à la reconnaissance et à l'admiration de la postérité.

Pour comprendre et apprécier à ce moment le rôle et la mission de Rozier, il n'est pas inutile de jeter un coup-d'œil rapide sur l'état de l'agronomie à cette époque et sur l'histoire de ses progrès en France.

Sortie des ténèbres du moyen-âge et respirant entre les troubles de la Ligue et ceux de la Fronde, notre patrie, sous Henri IV, avait mis à profit les leçons et les expériences d'Olivier de Serres, ce patriarche de notre agriculture. Le *Ménage des champs* de cet agronome célèbre avait commencé à populariser les principes d'une sage culture comme ses essais sur le mûrier, dans sa terre du Pradel, avaient enseigné aux habitans du Vivarais l'éducation de cet arbre. Mais, d'un côté, l'ignorance encore trop générale, de l'autre les malheurs de ces temps de trouble que les seigneurs propriétaires avaient à réparer, firent que, peu de temps après la mort d'Olivier de Serres, il resta à peine quelques traces de ces améliorations; bientôt son ouvrage même tomba dans l'oubli.

Le siècle de Louis XIV, ce siècle qui apparaîtra à la postérité la plus reculée, brillant de tant de génies divers, ne

[1] Rozier en fut nommé prieur au mois de décembre 1779; il a conservé ce bénéfice jusqu'à la révolution.

produisit d'agronome remarquable que La Quintinie ; encore celui-ci ne s'attacha-t-il qu'à l'horticulture. Je ne parle pas de Le Nôtre , qui fut plutôt un architecte qu'un agronome. Cependant , sur la fin de ce grand siècle , vivait à Lyon un vénérable prêtre , Noël Chomel , curé de St-Vincent. Il s'était adonné de bonne heure à la science agricole , et pour guider l'habitant des campagnes , il reproduisit , sous le titre de *Dictionnaire économique* , une grande partie des *Maisons rustiques* de Charles Estienne , de Jean Liébault et de Louis Liger , en y ajoutant des faits et des préceptes puisés dans Olivier de Serres et quelques auteurs de l'antiquité tant grecs que romains.

Les éditions de cette vaste compilation se multiplièrent avec des additions et des supplémens. De La Mare y mit un peu d'ordre , et, ainsi corrigé , ce Dictionnaire a servi de rudiment aux agriculteurs de toute l'Europe , jusque dans la première moitié du XVIII.ᵉ siècle. C'est pour Chomel qu'on oublia le sage et judicieux Olivier de Serres.

Au milieu du XVIII.ᵉ siècle se forma , en France , une société d'hommes de lettres et de philosophes , qui prirent ou reçurent le nom d'économistes. Deux sectes se divisèrent cette société , l'une ayant pour principe la devise de Quesnay, son chef, que toute richesse sort du sillon, l'autre soutenant, au contraire , que l'industrie et le commerce sont les premières sources de la prospérité publique. Cette dernière opinion était défendue par Gournay, Morellet, David Hume , Filangieri, etc. Les partisans de la première étaient le médecin Quesnay , le marquis de Mirabeau (se disant l'Ami des hommes), Dupont de Nemours , Léopold , grand-duc de Toscane , depuis empereur d'Autriche ; enfin les éclectistes de ces deux écoles étaient Turgot , Condillac , Smith , Malesherbes , etc.

Alors, malgré l'esprit de système , malgré cette tendance générale et irréfléchie à perfectionner à la fois toutes les branches de l'économie politique , malgré l'opiniâtreté aveugle de cet esprit philosophique si exclusif [1] dans ses opinions et dans ses préjugés un mouvement d'amélioration fut imprimé à l'agriculture comme à l'industrie. L'anglomanie lui donna une nouvelle force.

On publia l'Encyclopédie, ouvrage que je m'abstiens de qualifier, dont le but apparent fut de rassembler les connaissances éparses sur la surface de la terre, et d'en exposer les principes généraux.

Bientôt les deux Duhamel développent les règles de l'agronomie ; le Pline français en revêt quelques-unes des charmes de sa haute éloquence. Les sociétés d'agriculture sont établies ; Bourgelat fonde les écoles vétérinaires, institutions tout autant agronomiques que médicales ; des méthodes nouvelles sont inventées, des procédés avantageux découverts ou importés ; on multiplie les animaux domestiques, on perfectionne leur éducation ; on trace des règles sévères pour l'aménagement des forêts ; des plantes nourricières suppléent et succèdent aux céréales ; on crée des prairies temporaires si bizarrement nommées artificielles (Olivier de Serres en avait annoncé les merveilles, il y avait deux cents ans) ; un Suisse nommé Mayer découvre par hasard et fait connaître l'usage fertilisant du plâtre sur ces prairies. On introduit des mérinos et d'autres animaux étrangers et précieux ; on les propage dans nos campagnes, on les croise avec les races indigènes ; on multiplie et on étudie les vers à soie ; on agrandit l'art de cultiver les vergers ; on donne à la vigne ces soins assi-

---

[1] Voici, entre autres, un exemple de cette opiniâtreté exclusive. Une polémique s'éleva entre Tuel, cultivateur anglais, et M. de Chateauvieux, agronome français ; l'un ne voyait que dans les labours multipliés l'assurance de récoltes abondantes ; l'autre ne la trouvait que dans les engrais. Ils avaient tort l'un et l'autre ; en unissant leurs systèmes (mais les systèmes ne s'unissent jamais), ils auraient eu raison tous les deux. Cette polémique fit du bruit : chacun eut ses adeptes et ses sectaires. On se livra à des expériences dont les résultats, avantageux ou non, n'en furent pas moins utiles : car si les succès indiquent la route, les revers signalent les écueils.

dus et réguliers qu'elle réclame. Ce mouvement général est imprimé par une foule d'hommes habiles et distingués, parmi lesquels on remarque Réaumur, le grand Buffon, d'Aubenton, Roger-Schabol, Boissier de Sauvages, Tessier, Gilbert, Huzard, Lasteyrie, Tomé, l'un de nos compatriotes, Dussieux, Bosc, Chaptal, Butret, le vénérable Parmentier, ce zélé propagateur de la pomme de terre. — Et toutes ces lumières se réfléchissent dans un foyer commun ; plusieurs de ces hommes ont pour ami, pour conseil, et pour enregistrer leurs découvertes le savant abbé Rozier !

Ce fut pour les recueillir qu'il fonda son cours d'agriculture.

Les revenus du prieuré de Nanteuil lui permirent de retourner à sa première destination. Il quitta Paris [1], acheta, sous le beau ciel du Midi, près de Béziers, un vaste domaine, et, s'associant d'habiles collaborateurs, il prépara un corps complet de doctrine rurale. Tous ses biographes ont raconté avec quelle faveur on accueillit le prospectus de son *Cours*, ou *Dictionnaire d'agriculture;* la pensée grande et généreuse qui l'inspirait, le nom de l'auteur, et ses connaissances sur cette matière généralement appréciées, furent autant de présages favorables pour le succès de cet important ouvrage.

Le premier volume parut en 1781 [2], il justifia les espérances qu'on avait conçues. Parmi les nombreux articles, dans lesquels on reconnaît la touche de Rozier, il faut citer l'article *Agriculture*. Il est traité avec une clarté, une vérité et une justesse de raisonnemens remarquables. L'idée ingénieuse de diviser la France en zônes caractérisées par leurs principales productions, s'y trouve consignée pour la première fois. Aussi ennemi de la routine, qui ferme les yeux à toute innovation, que des fausses théories des agronomes de cabinet, Rozier s'appuie sur cette vérité, source de

---

1 Au mois de juillet 1780.

2 Le deuxième en 1782, le troisième et le quatrième en 1783, le cinquième en 1784, le sixième en 1785, le septième en 1786, le huitième en 1789, le neuvième après la mort de l'auteur, en 1796, et le dixième en 1800.

tout progrès : *Préchez d'exemples et non de paroles; voilà le grand point, la plus solide et la seule instruction à donner à des paysans. Ils ne lisent pas ou ne savent pas lire, mais ils observent. Vos succès ou vos bévues seront pour eux le livre qu'ils liront, qu'ils comprendront très-bien, et le seul à leur portée.* Tels ont toujours été ses principes ; soumettant constamment la théorie à la pratique, comparant les résultats des diverses méthodes, leurs produits et leurs économies, il a éprouvé lui-même tous les procédés qu'il indique, toutes les améliorations qu'il propose. Sa terre de Beauséjour était une sorte de ferme-modèle, et son *Cours* le journal de ses travaux et de ses expériences. C'est à ses soins qu'on doit les perfectionnemens dans l'art de faire et de gouverner les huiles et le vin, ces deux grands produits du Midi. Le Languedoc a appris de lui à épurer et clarifier son huile ; et les côtes du Rhône, si justement renommées, tiennent de lui l'égrappoir, le soutirage et le mutage des vins.

Le Dictionnaire d'Agriculture est le plus beau monument de la gloire de Rozier [1]. L'honneur, il est vrai, n'en doit pas revenir à lui seul ; mais si son exécution a réclamé de puissans auxiliaires, il a fallu, pour juger et organiser le travail, pour en coordonner les parties, un homme vraiment supérieur par l'universalité de ses connaissances et la sage profondeur de ses vues. On a reproché à ce *Cours* d'ê-

---

[1] Le prospectus de ce grand ouvrage avait paru en 1780. L'auteur y promettait que chaque volume contiendrait 15 planches et serait composé de 20 à 25 feuilles d'impression, il a constamment publié de 30 à 36 feuilles et de 25 à 30 planches. Il faut voir avec quelle bonhomie il s'excuse, dans ses avant-propos, des retards qu'il est forcé quelquefois d'apporter à la publication des deux volumes qu'il sera forcé d'ajouter aux huit qu'il avait annoncés, lesquels deux volumes ne seront pas à la charge des souscripteurs ; il est vrai que dans l'exécution de cette dernière promesse, les intérêts de l'éditeur ne s'accommodant pas des scrupules de l'auteur, les deux volumes qui parurent après la mort de Rozier ne furent pas livrés gratis.

tre traité par ordre alphabétique : la méthode par chapitre sur les sujets de même nature eût été certainement préférable ; aujourd'hui que le sentier est tracé, un Manuel de l'Agriculteur se ferait sans doute ainsi ; mais alors que la matière était loin d'être approfondie, qu'une horrible confusion laissait à peine reconnaître, dans la culture du premier de nos arts, les lois et les principes qui en sont la base, un tel plan eût été impossible à exécuter, surtout d'une manière complète. Le cadre de chaque chapitre une fois rempli, comment enregistrer les nouvelles observations qui vous parviennent sur la matière qu'on vient de traiter ? comment réparer beaucoup d'omissions inévitables ? L'ordre alphabétique n'a aucun de ces inconvéniens ; les mêmes questions se représentant plusieurs fois dans le cours de l'ouvrage, les lacunes d'un article peuvent être facilement remplies dans un autre qui s'y rapporte. On lui a encore reproché quelques longueurs : défaut minime, presqu'inévitable dans un pareil travail ; taches qu'effacent bien tant de pages brillantes de clarté, d'ordre et de raison, tant d'autres pleines d'éloquence et de force quand il s'agit de déraciner de vieux préjugés, au profit des méthodes économiques et avantageuses. Le Dictionnaire d'Agriculture a eu un succès européen. Dom Juan Alvarez Gualza l'a traduit en espagnol, et le roi d'Espagne l'a fait répandre dans les colonies.

Pendant qu'il publiait son *Cours complet d'Agriculture*, de même que lorsqu'il était à la tête du *Journal de physique*, Rozier trouvait encore à glaner sur sa route. A Paris il avait profité de ses loisirs pour rédiger la *Table des Mémoires de l'Académie des Sciences* [1], travail ingrat, mais important ;

---

1 Deux vol. in-4.º, publiés en 1775 et 1776. On lui doit de la reconnaissance pour ce genre de publication, qu'on a coutume de dédaigner comme trop facile, et qu'on devrait encourager parce qu'il épargne beaucoup de temps, et qu'il facilite les recherches. — *Dugour.* Rozier avait aussi publié, en 1771, l'*art du maçon piseur.* In-12.

à Béziers il les employait à la solution des questions les plus utiles à l'industrie dans ses rapports avec l'agriculture. Il envoya à l'Académie de Lyon, à laquelle il était associé [1], un Mémoire, en plusieurs parties, sur *la culture et le rouissage du chanvre*, sujet qui avait été proposé au concours : ce Mémoire fut couronné [2].

Rozier voyait ainsi dans sa retraite de Beauséjour se réaliser ses rêves les plus chers. Tout entier aux travaux champêtres qui étaient dans ses goûts et dans ses mœurs, entouré de l'estime de la population agricole à laquelle il prodiguait ses conseils ; heureux par ses succès, plus heureux par les secours que sa position lui permettait de tendre à sa famille, il espérait que le reste de sa vie s'écoulerait au sein d'une aussi douce tranquillité. Hélas ! cette espérance fut bientôt déçue. La franchise de son caractère, l'austérité de ses mœurs, qui ne savait pas se prêter aux caprices et aux injustices, cette inflexibilité de vertu qui va droit au but sans s'inquiéter des obstacles, lui suscitèrent de mesquines, disons mieux, d'odieuses persécutions. L'Évêque de Béziers avait fait ouvrir aux dépens du public un chemin conduisant à la métairie d'une personne qui lui était chère ; ce chemin, qui ne desservait qu'une seule ferme, établi dans la

1 Il avait été reçu associé de l'Académie de Lyon, dans la séance du 19 novembre 1771.

2 L'Académie avait ainsi posé la question : 1.º Quelle est la vraie théorie du rouissage du chanvre? 2.º Quels sont les meilleurs moyens d'en perfectionner la pratique, soit que l'opération s'en fasse dans l'eau ou en plein air ? 3.º Quels sont les cas où l'une de ces opérations est préférable à l'autre? 4.º Y aurait-il quelque manière de prévenir l'odeur désagréable et les effets nuisibles du rouissage dans l'eau?

Le prix, qui devait être donné en mai 1783, fut prorogé et ne fut décerné que le 12 août 1785. Rozier l'obtint; cependant son triomphe ne fut proclamé qu'à la séance publique du 5 janvier 1787. Son Mémoire fut imprimé la même année. *Lyon*, Périsse, in-8.º (M. *Cochard*. — Notice sur l'abbé Rozier).

direction la plus droite , eût été utile à quatorze métairies et
à un village entier ; Rozier , au nom de l'intérêt commun ,
crut devoir adresser à son Évêque de justes réclamations. Il
le fit avec toute la douceur de son caractère ; on s'en offen-
sa , on s'indigna de cette critique qu'un inférieur osait exer-
cer envers son supérieur ; l'abbé ne comprit pas que la fausse direction de ce chemin, provenant, non d'une erreur, mais
de l'intérêt qu'on avait à cacher de coupables faiblesses, il
était inutile de faire parler la raison là où la passion dominait ;
il s'obstina ; son adversaire obtint du contrôleur-général la
suppression d'une très-modique pension qu'il avait sur le trésor public et lui suscita mille tracasseries. Rozier ne pouvait
pas vivre dans un pays où il avait un ennemi, et surtout un
ennemi puissant , dont la querelle avait été épousée par
quelques personnes ; l'âme navrée de douleur , abandonnant
son champ , ses plantations , ses travaux encore inachevés ,
désolé en quelque sorte comme un père qui se sépare de ses
enfans , il revint dans sa ville natale chercher le repos dont
son cœur avait besoin [1].

Au flanc du côteau qui domine et protége au nord notre
cité , est une maison simple et de peu d'apparence , de laquelle dépend un clos assez grand pour que le rideau de
peupliers qui l'entoure et le petit bois qui en fait le charme
masquent la vue des édifices voisins. Sans le bruit des mille
métiers qui, sur cette côte laborieuse , ne se taisent ni jour
ni nuit , on s'y croirait à la campagne. A l'entrée on lit cette
inscription :

Laudato ingentia rura ,

Exiguum colito.

VIRG. *Georg.*

Cette maison est appelée la maison de l'abbé Rozier [2]. C'est

---

[1] Il vint à Lyon en 1786 , et non en 88, comme on l'a dit.

[2] Cette maison est dans la rue *Masson* et non dans la rue Neyret,
il n'y a sur cette dernière rue qu'une issue pratiquée au bas du clos.

là en effet qu'il se retira après son départ de Béziers. Les moulures champêtres qui, dans l'intérieur de l'habitation, couronnent les portes ; les guirlandes et les fleurs, plaquées contre les murs dans le goût du siècle ; le peu d'ornemens dont les débris ont échappé au temps, témoignent encore des images dont le propriétaire de ces lieux aimait à s'entourer. Ces sycomores qui forment une salle d'ombrage, ces acacias, ces mûriers et tous les arbres qu'on a depuis, par de petites routes, disposés en espèce de jardin anglais, c'est Rozier qui les a plantés. Ils ont grandi pour d'autres maîtres, et ceux-ci n'ont pas même daigné recueillir les souvenirs dont ce séjour est plein. On ne sait pas indiquer précisément au visiteur la chambre habitée par l'abbé; on ne montre aucune trace de ses travaux ; point de vieux portier, ni de vieux serviteur qui l'ait vu ; point de *Cicéroné* qui exploite l'admiration ou la crédulité, qui débite des cannes, des tabatières, des autographes ; et pourtant il est si doux même d'être trompé à l'aspect des lieux où l'imagination évoque les mânes d'un grand homme ! seulement de loin en loin un vieillard, qui a été le jardinier du savant agronome, vient revoir ce théâtre de ses premiers essais, ce jardin où il a reçu tant de sages et habiles leçons. Mais sa mémoire est infidèle ; d'ailleurs ce brave homme était loin de soupçonner la célébrité de Rozier, il n'appréciait que son cœur, et à toutes les interrogations qu'on lui fait, on n'obtient de lui que cette réponse : *Ah! c'était un bien bon maître !* réponse sincère et touchante ; du peu de rapport qu'elle a souvent avec les questions adressées au vieillard, ressort cette vérité frappante : que les qualités du cœur sont tellement au-dessus de celles de l'esprit qu'elles les effacent entièrement.

Cette petite propriété est aujourd'hui à vendre. L'habitation de Rozier est dans un tel état de délabrement qu'on la prendrait pour une ferme d'exploitation ; le propriétaire a fait construire tout auprès ; à l'extrémité du jardin, une maison à l'italienne. Encore un changement de maître, et la modeste demeure de l'agronome aura disparu. Nous sommes d'un siècle qui tient bien peu aux souvenirs. Qu'y faire ?

Dans cette nouvelle retraite, tout en continuant la publication de son dictionnaire, Rozier, de concert avec Morel, ce successeur de Le Nôtre et de La Quintinie, et d'après le dernier vœu de Poivre, son ami, qui avait apporté de l'Inde et naturalisé dans nos jardins et nos vergers un grand nombre de végétaux, forma le projet de créer pour sa ville natale d'utiles établissemens. Attaché au bureau du bien public et directeur de la pépinière de la généralité, il ouvrit un cours gratuit pour la culture des arbres fruitiers et forestiers [1]. Ce cours, suivi avec empressement, répandit dans nos provinces le goût de la plantation et de l'éducation des arbres, fit connaître les diverses propriétés des bois de construction, de charronnage, d'ébénisterie, produisit des élèves distingués, dont plusieurs depuis ont fondé en France de vastes pépinières. Il est à regretter que l'épuisement de nos finances n'ait pas permis alors à la ville d'accomplir le vœu qu'avait exprimé le professeur, de choisir, dans chacun des six arrondissemens de la généralité, deux cultivateurs intelligens, pour les envoyer, aux frais de la province, suivre ce cours pendant un an.

Le juste tribut d'estime et d'éloges que ses concitoyens accordèrent à son zèle, dut le consoler et l'encourager dans ses travaux. Le chapitre de St Paul le nomma chanoine d'honneur [2] ; l'assemblée provinciale de la généralité de Lyon le choisit, sur la proposition de M. de Montazet, pour remplacer l'abbé de Grezolles, membre démissionnaire de cette assemblée [3], et l'Académie s'empressa de l'admettre au rang de ses membres titulaires [4]. Les procès-verbaux de cette société savante font mention d'une foule de questions intéressantes, qu'il a traitées dans des séances particulières. Nous citerons, entre autres, des observations sur *un arc-en-ciel lunaire* en 1788, un article (publié ensuite dans son

1 Le 1.er décembre 1787. — 2 En 1787. — 3 Novembre 1787.
4 Séance du 22 avril 1788, en remplacement de M. Devillers, passé aux vétérans.

dictionnaire) sur la *rouille des plantes*, des réflexions sur la *fondation d'un cours à la pépinière*, etc., etc.

Nous voici arrivés à une époque où le savant cessera de paraître (car, dans ces temps de calamités, la science, comme la religion et la vertu, n'avait plus de sanctuaire), l'homme seul se montrera à nos yeux.

L'hiver de 89, ce premier fléau avant-coureur de tant d'autres, fit éclater la charité de Rozier; membre des sociétés de bienfaisance, il fut élu président de celle de la première division (à la Grande-Côte.) Son zèle justifia ce choix. On le voyait incessamment occupé à visiter les réduits de l'indigence, dans ce quartier encombré d'une population si malheureuse. Il distribuait, avec les secours qu'on mettait à sa disposition, ses propres deniers, conservant à peine de quoi pourvoir à son entretien et à celui de sa famille; il ajoutait au bienfait les paroles d'espérance et de consolation qui en doublent le prix. Je ne m'appesantirai pas sur sa conduite dans ces tristes circonstances : elle trouva alors en France de trop nombreux imitateurs pour la louer à part; la bienfaisance publique avait sur le trône un si parfait modèle ! On peut dire, avec raison, que si les malheurs de cet hiver préparaient à ceux qui devaient suivre, le dévoûment des classes sur lesquelles ces derniers maux tombèrent fut une première expiation, et qu'elles se disposèrent au martyre par la charité.

Bientôt les états-généraux furent convoqués; la Bastille s'écroula; aux institutions méconnues ou tombées en désuétude, succédèrent des projets de constitution qui, pour mieux rétablir, détruisaient tout. Rozier, comme tant d'autres, avait appelé de ses vœux la réforme des abus, il n'avait pas vu que cette réforme serait une révolution. L'étude de la nature est si différente de celle du cœur humain; il y a tant de simplicité dans l'une, tant de duplicité dans l'autre, qu'il fut dupe des piéges tendus à son inexpérience et à sa bonne foi. La constitution civile du clergé fut adoptée : ceux à qui elle s'adressait protestèrent contre sa légalité par leur refus à la reconnaître. Quelques transfuges des autels en profitèrent pour secouer un joug importun. D'autres lui prêtèrent serment de bonne foi ; peu éclairés sur ces matières, ils furent séduits par une voix dangereuse qui leur disait : C'en est fait de la religion, si ses ministres se retirent ; qu'ils se soumettent, malgré leur répugnance, à cette nouvelle épreuve, et qu'ils conservent ainsi la foi au milieu de leurs frères égarés. Rozier se laissa prendre à ce langage ; il fut nommé par le peuple curé de St-Polycarpe. Loin de moi la pensée de le justifier ! Son serment fut coupable, son peu d'habileté en théologie et la ferme croyance où il était qu'en le prêtant il serait utile à la religion, peuvent seuls atténuer sa faute sans l'excuser. Mais ce qui, peut-être, lui en aura mérité le pardon, c'est sa conduite au milieu des désordres et des scandales de ces temps de crime. Il se montra digne de tenir sa place d'une source plus pure. Se servant de tous les moyens pour conserver les principes religieux, il traduisit les psaumes et les fit chanter en français dans son église [1], il introduisit les chœurs de cantiques, qui depuis se sont établis partout. Son ministère fut tout de charité et de conciliation. Il réservait secrètement des chapelles pour les prêtres non assermentés, favorisait leurs communications avec les fidèles ; enfin, s'il a été entraîné par de trompeuses lumières ou par sa faiblesse dans une position fausse et blâmable, jamais il n'a transigé avec le vice, jamais il n'a cessé de le poursuivre et de le foudroyer dans ses instructions.

Ecoutez combien son âme se révèle, dans ce discours

[1] Un vol. in-12, publié à Lyon, rare aujourd'hui. Cette infraction aux coutumes de l'Église ne fut pas une nouvelle faute, mais seulement une suite de la première, que les mêmes raisons peuvent excuser. Il y a aussi loin de l'abbé Chatel à l'abbé Rozier, qu'il y a de distance entre la faiblesse tolérante, se soumettant à une nécessité dans l'espoir de faire du bien, et le schisme orgueilleux qui veut élever autel contre autel.

prononcé à la cérémonie funèbre pour les victimes du 29 mai.

« Entendons, dit-il, les voix plaintives qui s'élèvent du fond de ce sarcophage, et profitons de la salutaire leçon qu'elles nous donnent.

» Elles vous disent : Si on avait respecté les lois, nos corps seraient pleins de vie. L'infraction aux lois accumulera sans cesse crimes sur crimes, et le crime audacieux sapera les fondemens de l'empire français.

» En effet, mes Frères ! jetons un coup-d'œil sur tout ce qui nous environne depuis le commencement de la révolution : l'orgueil, l'avarice, l'ambition, en un mot, toutes les passions humaines n'ont plus respecté aucun frein ; semblables à des vents impétueux et déchaînés les uns contre les autres, elles ont combattu entre elles avec la fureur de l'acharnement. Les partis se sont élevés contre les partis, les cabales contre les cabales : l'ami est devenu l'ennemi de son ancien ami ; le père, de son fils ; la sœur, de ses frères ; les citoyens, des citoyens. De cette lutte générale est née la calamité publique, et la révolution est aujourd'hui forcée de combattre tout à la fois et les ennemis du dedans et ceux du dehors.

» Les plus ambitieux et les plus intrigans ont dit : Élevons-nous sur les débris de la nation, et sachons profiter de la fermentation générale : à cet effet, et pour arriver plus sûrement à nos fins, brisons les seuls liens qui unissent les hommes et sur lesquels reposent la sûreté et l'existence de toute société ; apprenons à une partie de la nation à rompre tout à la fois les liens civils et les liens religieux ; accoutumons-la à l'insubordination envers les autorités constituées, à mépriser une religion qui prêche l'obéissance et la soumission aux lois. Il faut que cette classe perde tout respect pour l'Être-Suprême : et comment conservera-t-elle ce respect, lorsque nous lui aurons persuadé que la mort anéantit l'homme tout entier, et que le dogme d'une vie future n'a été imaginé qu'afin de rendre l'homme esclave dans celle-ci?

» De pareilles assertions vous font frémir , mes Frères ! et vous les taxeriez peut-être d'exagérations , si elles n'avaient pas été avec affectation annoncées dans les papiers publics , affichées sur les murs des coins de nos carrefours et jusque sur la porte de nos temples. Que pouvait-on attendre d'hommes enivrés de ces principes destructeurs ? La vertu les épouvantait , faisait leur tourment et leur honte , parce qu'ils n'aspiraient et ne respiraient que le crime , et que le crime seul était devenu leur breuvage et leur aliment. »

On est touché de la noblesse de ce langage et surpris en même temps de la force de l'orateur qui a osé le faire entendre. On trouve dans un petit écrit intitulé : *Idées soumises à l'opinion publique* (Lyon , 1791) la même générosité de sentimens et le même dévoûment à la cause du peuple malheureux [1]. Qui croirait qu'au milieu de nos discordes Rozier trouvait encore le moyen d'être utile à la science et d'enseigner l'agriculture au collége de la Trinité, dans une chaire créée pour lui en 1791 ?

Mais laissons parler un écrivain qui l'a connu, qui l'a aimé , et dont le témoignage ne sera pas suspect.

« Pendant le malheureux siége de Lyon , dit Gilibert.... , sans se mêler de l'administration civile , à laquelle il n'était pas appelé, on l'a vu , ferme et intrépide, vaquer sans relâche à ses fonctions de pasteur , porter des secours et des consolations dans tous les quartiers de sa populeuse et pauvre paroisse , exposer, chaque jour, chaque heure , sa vie à travers les bombes , les obus et les boulets rouges ; on

---

1 Ce ne sont pas les seuls monumens du zèle et de l'esprit qui animaient Rozier. Bruyset rapporte qu'il opposait aux feuilles dégoûtantes et incendiaires d'Hébert, plus connues sous le nom de feuilles du père Duchesne, un pamphlet périodique, dans lequel, prenant le ton et le langage des artisans de notre cité, il les ramenait à des idées saines et conformes à la morale publique qu'on s'efforçait de détruire.

l'a vu , confondu avec les autres citoyens , passer des nuits entières sur les toits des maisons enflammées , tendre une main secourable aux femmes et aux vieillards , et les tirer des flammes. Quel est le Lyonnais qui ne se rappelle , en versant des larmes , ce trait qui caractérise seul son tendre attachement pour les malheureux ? Une bombe éclata dans une maison de sa paroisse , bientôt tout est embrasé. On ne trouve d'autre moyen , pour sauver ceux qui l'habitent , que de porter des échelles d'une maison à l'autre ; le pasteur les traverse plusieurs fois d'un pas intrépide , emportant des enfans entre ses bras [1]…. » Quelque temps après, pendant cette nuit fatale du 29 septembre 1793 , nuit à laquelle succéda un jour à jamais glorieux dans l'histoire de notre cité , une bombe tomba sur le bâtiment de l'Oratoire , presbytère de St-Polycarpe ; ses éclats dispersèrent les membres d'un homme avec les débris de l'appartement , et , le lendemain , la religion , l'humanité et les sciences apprirent que Rozier n'était plus ! ! !

Ainsi périt , à l'âge de 59 ans , cet agronome dont les travaux seront pour sa patrie un bienfait sans cesse renaissant.

Il est à remarquer que son collègue et son ami , La Tourrette , le suivit de près dans la tombe. Ce botaniste distingué ne fut pas enlevé subitement comme Rozier; sa mort fut lente et cruelle ; il fut frappé d'autant de coups qu'il y eut

---

[1] Il s'était déjà signalé dans une autre occasion. « Pendant la nuit du 16 au 17 septembre 1788 , une maison située au haut de la Grande-Côte , près des portes de la Croix-Rousse , habitée par quatorze ménages , vient à s'écrouler. L'abbé Rozier, dont la maison est à cent pas de là , est éveillé; il accourt , et , par son exemple , son courage , sa présence d'esprit, sauve une partie des malheureux ensevelis sous les ruines de la maison. Il y périt trois personnes , et trois autres seulement furent blessées. Sa généreuse compassion ne se borna pas à ces premières démonstrations ; il recueillit des aumônes auprès des personnes aisées , et contribua lui-même de sa bourse à secourir ces infortunés dans leurs besoins. » M. Cochard. — Notice sur l'abbé Rozier.

de victimes et de malheurs dans notre ville. Tous deux ont dû rendre grâces à la Providence de ne leur avoir pas permis de voir les excès qui suivirent notre siége. Il est des temps où l'on regrette d'avoir trop vécu! La mort, en les enlevant, a épargné deux crimes aux terroristes; nul doute que, plus tard, leurs vertus n'eussent appelé la proscription sur leurs têtes.

Rozier avait le pressentiment de sa fin; il s'en entretenait souvent avec ses amis [1]. Parmi le peu de papiers que le pillage de sa chambre [2] a permis de recueillir, il s'en est trouvé un sur son bureau, dépositaire de ses réflexions sur la mort; les voici :

« Je ne suis donc dans ce moment qu'un composé de poussière organisée, animée par un souffle de vie? dès que ce souffle s'éteindra, je ne serai plus qu'un amas de putréfaction en proie à la voracité des vers qui, ainsi que moi, finiront par n'être plus qu'un peu de poussière.... Quelle humiliante vérité! Quand commencera pour moi ce jour qui n'aura plus de lendemain, où toute mon existence cessera ?... L'idée de ma destruction, de ma mort, va m'apprendre à vivre, et l'idée et le tableau de la vie vont m'apprendre à bien

[1] La veille de sa mort, il vint encore à la commune présenter les besoins pressans de ses paroissiens et plaider la cause de l'humanité. « Mon ami, dit-il à M. Bruyset, en l'embrassant et versant des larmes, mon vieil ami, nous ne sommes plus destinés à nous revoir dans cette vallée de misères, mais le Père des miséricordes nous ouvrira son sein. Adieu. » Le lendemain il n'était plus. Sa bonté a hâté sa mort; car la chambre dans laquelle il a été frappé était celle de sa sœur, où il se relégua après avoir cédé la sienne à un de ses amis privé de sommeil depuis quelque temps.

[2] Son domicile fut envahi. Parmi les ouvrages qui furent enlevés on doit regretter surtout les articles *vin* et *vigne* destinés à son dictionnaire, que M. Chaptal a rédigés ensuite d'après les notes que Rozier lui avait communiquées. Plusieurs éditions d'Olivier de Serres annotées de sa main disparurent, ainsi que le discours qu'il travaillait depuis long-temps sur l'étude de l'agriculture, discours destiné à couronner son cours.

mourir.... Pourquoi tient-on si fort aux jouissances de la vie et si peu aux pratiques de ses devoirs ? C'est qu'on ne réfléchit pas que l'acquisition de ces biens est incertaine, que leur possession est courte, et que leur perte, quoique plus ou moins retardée, n'en est pas moins certaine.... Réfléchissons et reconnaissons ensemble ces trois principes. La certitude de la mort ne nous fait-elle pas connaître combien l'acquisition des biens de la vie est incertaine ? La proximité de la mort ne nous démontre-t-elle pas combien la possession des biens de la terre est courte ? Enfin, la nécessité de la mort ne nous prouve-t-elle pas que la perte des biens de la vie est tôt ou tard assurée ? Quelle conséquence devons-nous tirer de ces principes ? Que, pour bien vivre, il faut apprendre à bien mourir ; c'est-à-dire, à apprécier, pendant sa vie, la différence qu'il y a entre les biens éternels que la religion nous assure, et les biens passagers et illusoires de cette vie. »

Tel fut son dernier adieu à la terre !

Les débris de son corps furent recueillis et déposés dans l'église de St-Polycarpe ; espérons qu'un jour un monument sera élevé à mémoire de cet illustre Lyonnais [1].

Rozier mourut pauvre ; sa sœur, que nous avons vue, au commencement de sa carrière, partageant ses travaux et le soutenant de son amitié, était encore auprès de lui quand la mort l'a frappé. Ils avaient mis leur fortune en commun : hélas ! après la perte de l'ami de son enfance, une cruelle nécessité la força de vendre la bibliothèque de son frère. Toutefois ce douloureux sacrifice ne lui procura pas les secours que réclamaient ses besoins et ses infirmités ; elle les

---

[1] L'administration centrale du Rhône rendit un arrêté, le 9 prairial an VII, par lequel elle commit le docteur Gilibert, professeur d'histoire naturelle à l'école centrale de Lyon, pour découvrir et constater le lieu où les cendres de Rozier avaient été déposées. Le 29 du même mois, elle fit une adresse au conseil des Cinq-Cents, pour demander que les ossemens de Thomas et de Rozier fussent transportés au jardin botanique de Lyon ; mais ce vœu n'a pas été exaucé.

a trouvés dans sa famille, et le gouvernement n'a pas eu honte d'offrir, en trois termes, une somme de 1,200 francs à la sœur de celui qui a doublé les produits agricoles d'une partie de la France [1].

1 Au milieu des événemens et des travaux d'une vie si pleine et si belle, nous avons omis, à dessein, deux faits qui n'ont d'autre importance que leur singularité : à ce titre, ils doivent trouver place dans une note.

« En 1793, dit M. Cochard, Rozier était descendu à Sainte-Colombe pour bénir l'union que je formais avec sa nièce; il y passa une semaine. Un soir, rassemblés en famille, je m'avisai de lui demander s'il désirait connaître sa bonne fortune; il se prêta à la plaisanterie, et me dit qu'il serait bien aise de savoir de quelle mort il mourrait. Je lui fis tirer un numéro, et, consultant l'*Oracle des Sibylles*, je lui répondis qu'il serait tué par un boulet de canon. Cette prédiction excita un rire général. Alors on ne prévoyait pas le siége de Lyon, et l'une de ses sœurs s'écria : Allons, mon frère, il faut espérer que sur tes vieux jours tu seras à la tête de quelque régiment.

« Cinq mois après cette aventure, le savant agronome était emporté par un éclat de bombe. »

Le docteur Eynard a rapporté à M. Péricaud ainé, qu'après le 29 mai, l'abbé Rozier, se trouvant avec quelques amis, on parlait de la possibilité d'un siége, et l'on se demandait comment tout cela finirait... : « Par un éclat de bombe, » répliqua Rozier.

.*. Feller attribue à Rozier le *Manuel du jardinier* pour l'année 1785, 2 vol. in-18 ; l'auteur de son article dans la Biographie universelle lui attribue aussi une *Dissertation sur les aérostats des anciens et des modernes, par A. G. Ros....* Genève et *Paris* 1784, 2 vol. Nous croyons que ces deux ouvrages ne sont pas de lui.